Horst Söffing

Nicht immer tierisch ernst!

Horst Söffing

Nicht immer tierisch ernst!

Projekte-Verlag

Impressum

1. Auflage
© Projekte-Verlag Cornelius GmbH, Halle 2007
    www.projekte-verlag.de

Satz und Druck: Buchfabrik JUCO GmbH
                www.jucogmbh.de

ISBN   978-3-86634-335-1
Preis: 9,50 EURO

Inhalt

Lore

Als Lore wurde einst geboren,
mit langem Hals und spitzen Ohren,
mit weißem Fell und Stummelschwanz,
da freute sich der Bauer Hans.

Er meinte, dass so seine Herde
stets größer und stets reicher werde.
Vor allem aber fand er Loren
für was Besonderes geboren.

Die großen Augen, das weiche Haar:
Ein Prachtstück einfach, ganz und gar!
Und weil ihm wirklich etwas wert,
was ihm der liebe Gott beschert,

so lässt er Lore lange saugen,
gibt ihm nur Gräser, die was taugen,
schützt sie vor Sonne und vor Wind,
versorgt sie wie sein eigen Kind.

Die Lore denkt: „Das muss so sein,
die Welt ist groß, die Welt ist mein!"
Und bald schon kann des Zickleins Willen
der Bauer Hans nun nicht mehr stillen.

Der nimmt das aber erst mal leicht,
weil's ihm nicht problematisch deucht.
Nicht ganz so seine Frau Isolde,
die das im Grunde so nicht wollte!

Doch Lore sielt sich mit den Schweinen
und steckt im Mist mit allen Beinen!
Kommt sie dann aus dem Mist heraus,
sieht sie selbst wie ein Schweinchen aus.

Und wenn die Herde in der Nacht
schon schläft und keinen Lärm mehr macht,
da reißt die Lore heimlich aus,
kommt manchmal morgens erst nach Haus'.

So kann Isoldes ganze Kunst
nicht ändern, was einmal verhunzt:
Die Lore spielt mit lauter Böcken,
die – wie man weiß – vor nichts erschrecken!

Die Zeit vergeht, sie macht nicht Halt.
Ja, auch die Lore wird 'mal alt,
nicht einmal sie bleibt „ungeschoren":
Drei Böckchen hat sie schon geboren,

und jedes brachte mit ins Leben
ein unwahrscheinlich' Freiheitsstreben!
Und – meckert sie auch noch so sehr –
die Lore hat es selbst nun schwer.

Es überbietet sie bei weitem
das eig'ne Blut mit wildem Treiben,
und – wären solche ihr zueigen –
sie würde oft die Hörner zeigen!

Der Bauer Hans denkt sich im Stillen:
„Nun endlich hat sie ihren Willen!
Springt eine Ziege über'n Bach,
so springen ihr die Böcklein nach ...!"

Fromme Wünsche

Ein Bär legt sich auf seine Haut
und freut sich, dass der Himmel blaut.
Er spürt mit großer Wonne
die schöne warme Sonne.

Die Bärenkinder sind indessen
aufs Spielen rein und glatt versessen.
Wer aber soll die Arbeit tun?
Wer kann nicht spielen, kann nicht ruh'n?

Die Mutter packt die Arbeit an,
versorgt die Kinder und den Mann.
Sie singt und tanzt, sie springt und lacht,
weil ihr das Leben Freude macht.

So geht es zu jahrein, jahraus
im kunterbunten Bärenhaus.
Doch eines Tages wird es still,
weil Mutter nicht mehr singen will.

Die Kehle ist wie zugeschnürt
und keiner weiß, woher das rührt.
Die Beine sind wie abgestorben.
Die Lebensfreude ist verdorben.

Der Vater mit dem dicken Felle,
der merkt es nicht mal auf der Stelle.
Er spürt nur, dass ihn Hunger quält,
wenn ihm das Mittagessen fehlt.

Und das geschieht ihm wirklich recht!
Doch auch den Kindern geht es schlecht:
Sie fühlen ihren leeren Magen
und fangen schließlich an zu klagen.

Man glaubt kaum, wie sie traurig sind,
der Bärenvater und das Kind.
Sie rufen wie aus einem Mund:
„Ach, Mutter, werd' nur bald gesund!"

Sagt selbst! Solch Eigennutz im ganzen Leben
kann es nur unter Bären geben!?

Die Wühlmaus

Es war einmal, vor Tag und Jahr,
ein durchaus glücklich' Maulwurfpaar.
Es schwor, dass man einander nie verlässt,
und baute sich ein eignes Nest.

Sie fand ihn stark. Sie fand ihn gut:
Er hatte Kraft und hatte Mut.
Und ihm gefiel ihr weiches Haar,
ihr Sein, ihr Wesen ganz und gar.

So haben sie in Liebesstunden
ganz zueinander oft gefunden.
und eines Tages hat das Paar
'ne süße kleine Kinderschar

in ihrem Haus, in ihrem Bau.
Die Beiden wissen ganz genau,
was ihren lieben Kleinen fehlt,
wenn Kälte sie und Hunger quält.

Die Frau nimmt sie in ihren Arm
und hält die Kinder tüchtig warm.
Der Maulwurf gräbt sich einen Gang
und geht alsbald auf Nahrungsfang.

Er sorgt und wühlt von früh bis spät,
damit's den Kindern gut ergeht.
Doch als er gräbt, oft bis zur Nacht,
da schöpft Frau Maulwurf bald Verdacht:

Lässt er so lange sie allein,
wird's doch wohl keine Andre sein?!
Und ihr Vertrauen zu dem Mann
Nimmt ab, so dass er's fühlen kann.

Kommt er vom Graben endlich heim,
erstickt die Freude schon im Keim.
Was sie bisher zutiefst verbunden,
wird bald als Täuschung nur empfunden.

Der Mann wird mürrisch, silbenarm.
Die Frau wird kalt, dass Gott erbarm'!
Dann, eines Tags (der Mann ist fort)
erbebt die Erde und der Ort,

an dem das traute Heim gewesen.
Wie aus dem Nichts erscheint ein Wesen,
das gleich von Anfang an beginnt,
der Frau zu schmeicheln wie der Wind.

Es ist ein frecher Wühlmausmann,
der schöne Worte setzen kann.
Wie ist die Maulwurfsfrau gerührt:
Ein Mann, der frohe Reden führt!

Ein Mann, der singt und pfeift und lacht,
wo ihrer nur „Auf Arbeit" macht!
Sie ist (wie's das ja manchmal gibt!)
ganz hin und weg, ganz frisch verliebt.

Sie merkt nicht, wie der Mausbock wühlt,
weil sie sich sehr geschmeichelt fühlt.
Der aber nutzt die Lage aus,
und ist der Maulwurf nicht zu Haus',

so schleicht er heimlich, still und leise
zu ihr in seiner rüden Weise,
zerstört, was bisher noch geblieben
an Ehre, Treue und auch Lieben,

zerstört die Heimat ihrer Kinder,
der Frau Gewissen auch nicht minder,
zerstört ihr Leben, ihren Halt:
Das Nest wird leer. Das Nest wird kalt.

Der Maulwurf merkt es, und er sagt,
weil ihn dies Ende bitter plagt:
„Ach, wärst du doch nicht gar so blind,
wie Maulwurfdamen nun mal sind!
Du sähest sicher bald genau:
Auch eine Wühlmaus ist nur grau ..."

Die Entlastung

Schon in der alten Ritterzeit,
da waren Pferde oft gescheit.
Hingegen konnt' in jenen Tagen
von Menschen man das nicht so sagen.
Zum Beispiel: Kuno von der Pfalz!
Er aß viel Schweinefleisch und -schmalz.
Das Essen war ihm eine Wonne,
er sah schon aus wie eine Tonne.
Er war ein rechter Isegrim
mit einer lauten, tiefen Stimm'.
Auch hat er oftmals über Nacht
sich manchen Freund zum Feind gemacht.
So kam ihm einstmals in den Sinn,
dass er bald einen Krieg beginn'.
Er kaufte sich ein schnelles Pferd,
ein'n schweren Schild, ein langes Schwert.
Und dann zog sich der dicke Mann
noch eine schwere Rüstung an.
Er schleppte sich bis an die Türe
und schrie, dass man das Pferd vorführe.
Er stieg hinauf mit letzter Kraft
(denn beinah hätt' er's nicht geschafft!).
Er hielt sich fest, so gut es ging:
Mit Schwert und Schild ein schwierig Ding!

Das Pferd Rosalie war nicht dumm:
Es schaut sich nach dem Reiter um,
der ihm das Rückgrat fast zerbricht,
und denkt sich: „Den ertrag' ich nicht!"
Und als der Ritter sagt: „Nun geh!",
da steigt es vorn steil in die Höh'.
Zum Ritter Kuno sagt es munter:
„Rutsch du mir mal den Buckel runter!"

Handgreifliches Liebesspiel

Ein Hündchen sprang umher, ganz ohne Ziel,
vollführte so mit seiner Herrin frohes Spiel.
Es bellte, lief davon und kam zurück gerannt
und biss aus Spaß in seiner Herrin Hand.

Der Frau entfloh ein Klageton.
Sie stieß mit ihrem Fuß den Hund davon.
Der Hund verkroch beleidigt sich in alle Ecken,
als wolle er am liebsten sich im Mauseloch
verstecken …

Der Biss war Scherz und war nicht ernst ge-
meint!
Das Hündchen wollte nicht, dass seine Herrin weint.
Es wollte ihr doch nur „handgreiflich" zeigen,
wie groß die Liebe ist, die ihm zueigen!

Fan - Konzert

Auf Schulzens Mist steht stolz ein Hahn
und kräht, so laut er krähen kann.
Nur selten schreit ein Federvieh
so laut und schrill sein „Kikriki!".
Die Hühner finden nichts dabei,
sie kennen längst des Hahns Geschrei.
Doch als der letzte Ton verklingt,
den jener Schreifritz lauthals singt,
da sieht man eine Henne stehn,
die findet seine Arie schön!
„Ein toller Hahn!", spricht sie verklärt,
ganz hin und weg von dem Konzert.
Die andern Hühner stehn herum
und gackern: „Ach, was ist die dumm!"

Wir aber lassen beide stehen,
weil wir in diesem Fall nur sehen:
So ist das nun mal auf der Welt,
dass jenem dies und einem andern das gefällt.

Kaltes Nest

Ein Dompfaffweibchen leidet Not,
es kann sich nicht mehr leiden.
Es wünscht sich manchmal selbst den Tod
und denkt an alte Zeiten.

Wie war die Welt so wunderschön,
als sie ihr Vater traute
mit einem Dompfaff, gern gesehn,
mit dem sie ihr Nest baute.

Das Nest gab ihr Geborgenheit,
sie konnte sich wohl fühlen,
und – kam die harte Winterzeit –
sich tief in Federn wühlen.

Das Nest, das blieb nicht lange leer,
füllt sich mit ihren Jungen.
Auch kamen noch manch andre her
und haben mitgesungen.

Oh, diese Zeit war wunderbar,
als sie gemeinsam lachten,
das frohe Dompfaffehepaar,
und Zukunftspläne machten!

Doch als ein harter Winter kam
und eis'ge Winde wehten,
das frohe Glück ein Ende nahm,
das unbeschwerte Flöten:

Das Dompfaffmännchen wurde krank,
erholte sich nicht wieder.
Das Dompfaffweibchen nimmer sang
für ihn all ihre Lieder.

Und eines Tages fliegt sie fort,
setzt sich auf eine Buche,
damit sie sich an andrem Ort
den Frohsinn wieder suche.

Da sitzt ein Spatz und pfeift sein Lied
und trifft damit ihr Ohr.
Und weil er frech und fesch aussieht,
kommt ihr das köstlich vor.

Sie naht sich ihm und stimmt mit ein
in seinen Spatzensang.
Es scheint ein neues Glück zu sein,
weil ihr das gleich gelang.

Doch als sie dann zurückgekehrt
in das gewohnte Haus,
da ist ihr Herz wie ausgeleert,
zieht sie mit Macht hinaus.

Sie liebt die Kinder, liebt den Mann,
sie möchte alles geben,
was eine Mutter geben kann …,
doch mit dem andern leben!

Sie kann so viel! Sie ist so reich
an Gottes guten Gaben!
Geliebten, Mann und Kind zugleich?
Das kann wohl niemand haben!

Die Ihren frieren in dem Nest,
die sie so heiß geliebt,
wenn sie den andern spüren lässt
die Wärme, die sie gibt …

Der Dompfaff möcht' ein Habicht sein,
dem Spatz den Hals umdrehen.
Das kalte Nest wird ihm zur Pein,
wird dort zu Grunde gehen.

Der Spatz sieht das mit Freuden an

und sagt: „Ich will gern warten,
bis ich die Kirschen holen kann
aus meines Nachbarn Garten."

Das hat die schöne Sängerin
wohl anfangs nicht gewollt,
nur ihrem unbeschwerten Sinn
mit Flüchtigkeit gezollt!

Das Dompfaffweibchen leidet Not,
es kann sich nicht mehr leiden!
Es wünscht sich manchmal selbst den Tod
Und denkt an alte Zeiten.

Hat es doch selbst beim ersten Schopf
Gelegenheit ergriffen,
und diesem fremden, frechen Spatz
mit Freuden nachgepfiffen …

Das Lied vom eigenen Nest

Ein jung und glücklich Schwalbenpaar,
schwarz Rock und weiße Weste,
das baute wo's am wärmsten war
an seinem eignen Neste.

Lehm aus der alten Ziegelei,
Grashalme, die sie banden,
das alles schleppten sie herbei
und was sie sonst noch fanden.

Und als das Nest dann fertig war
am alten Gasthaus „Lilie",
da wurde aus dem Schwalbenpaar
'ne glückliche Familie.

Das Hin und Her hört nicht mehr auf,
das Speisen ihrer Jungen!
Sie haben sich im Tageslauf
das Letzte abgerungen.

Doch was den beiden sehr gefehlt,
das war die lust'ge Laune.
Sie haben oft sich nur gequält,
und dann brach Streit vom Zaune.

Das Zwitschern und das Schnabelspiel
vermissten sie zwar beide,
doch leider Gottes taten sie
zu wenig für die Freude.

Und eines Tages war zuviel
der Schwalbenfrau die Last.
Sie dachte: „Schluss mit diesem Spiel,
das Leben wird verpasst!"

Sie flog davon und lachte bald
sich einen andern an.
„Ich liebe ihn", so sagt sie kalt,
„weil er schön singen kann."

Die Spatzenschar den Schnabel wetzt,
fällt über's Schwälbchen her.
Das arme Tierchen wird verletzt
am Kopf und an der Ehr'.

Du armes, kleines Schwälbchen, du!
Du tust mir wirklich leid!
Ich wünschte dir, du fändest Ruh'
und für dich selber Zeit.

Doch lass' den andern Vogel sein,
du kannst selbst so schön singen
mit deiner Stimme, zart und rein,
den Menschen Freude bringen!

Denn was man für die andern tut,
das bringt die größte Freud'.
Wer selbst im Herzen fasste Mut,
den hat es nie gereut.

Und wenn die rauen Winde wehn
und Winter kommt ins Land,
so ist's bei Mann und Kindern schön.
Dein Platz ist dir bekannt!

Du sitzt in deinem warmen Nest,
geborgen, schön und gut,
wo man dich endlich ruhen lässt.
Wirst sehn, wie gut das tut!

„Sollte Gott gesagt haben ...?"
(1. Mose 3, 1)

An eines schönen Waldes Rand
die Sonne herrlich schien.
Warm war die Erde, warm der Sand,
das Gras stand saftig grün.
Im nahen Feld lag manches Korn,
den Ähren reif entfallen,
der Wind blies leise übers Land
und ließ die Halme wallen.

Auf einem Baum ein Vogel sang.
Sein Lied war froh und heiter.
Ein Mäuschen lief den Weg entlang
aufs Feld und immer weiter.

Es blickte nicht nach rechts und links,
kam an des Feldes Rain.
Es setzte sich und sah sich um,
nahm an, es sei allein.

Doch wie erschrak das arme Tier,
als es den Kopf gewandt:
die Schlange lag voll Arglist hier,
dem Mäuschen wohl bekannt!

„Hast du denn schon", sprach sie mit List,
„am Waldesrand gesessen,
wo es noch schöner als hier ist,
und Erdbeeren gegessen?"

„Nein", sprach die Maus, „die kenn' ich nicht.
Zum Waldrand ist es weit,
und mich erwartet meine Pflicht.
Ich habe keine Zeit."

Doch, während noch das Mäuschen spricht,
die Schlange schnellt hervor,
reißt auf das Maul (ihr glaubt es nicht!)
weit auf bis hinters Ohr.

Sie schnappt die Maus und schluckt sie weg
wie einen Leckerbissen,
denn Schlangen haben Appetit,
doch leider kein Gewissen.

Der Giftwurm

Die Ehefrau vom alten Turm,
hat einen giftig-bösen Wurm.
Der klettert, wenn er nicht grad pennt,
durchs hintere Gehirnsegment.

Er sitzt im Herzen, Hirn und Geist,
wenn er nicht eben Nerven speist.
Er nagt an Ehre und Verstand,
verseucht das Haus, das Dorf, das Land.

Man nennt den Wurm oft „Eitelkeit".
Er macht zu bösem Tun bereit.
Er frisst die Liebe und die Zucht,
weil er stets nur das Seine sucht.

Er lehrt mit teuflischem Entzücken
die Menschen, nur auf sich zu blicken.
Er zeigt, wie man stets um sich beißt,
den Ehebund, die Treu' zerreißt.

Er alliiert sich mit den andern
Giftwürmern, die das Land durchwandern.
Und eh' du sie noch wahrgenommen,
sind sie auch schon zu dir gekommen.

Nur eins verträgt der Giftwurm nicht:
Wenn Lieb' und Treue aus dir spricht.
Das schreckt ihn ab, das macht ihn kalt!
Vor wahren Menschen macht er Halt.

Der Quak-Kopf

Ein großer, dicker, grüner Frosch saß einst
auf einem Blatt,
das ihn mit seinem Schwergewicht grad so
getragen hat.
Er quakt und quakt, er quakt und quakt, er
quakt von lauter Liebe.
Nur leider hat er keine Frau, die bei dem
Quak-Kopf bliebe.

Der große, dicke, grüne Frosch fängt
schließlich fette Mucken,
beginnt in seiner Einsamkeit, dieselben zu
verschlucken.
Die Schönheit dieses Frosches nimmt auf
diese Weise ab:
Noch dicker wird der Grüne nur, fällt von
dem Blatt herab.

Nun liegt er auf dem Rücken flach und zap-
pelt mit den Beinen.
Ein „armer Schlucker" – dieser Frosch?
Ein Dummkopf, will mir scheinen!

Paradox

Es sitzt ein lustig Vogelpaar
in seinem Käfig Jahr für Jahr.
Das Männchen sieht's als Schicksal an,
dass es nicht richtig fliegen kann.
Es hüpft umher und sitzt dann lange
auf der bekackten Vogelstange.
Das Weibchen aber hält's nicht aus:
Es will davon, es will hinaus!
Und eines Tage (ganz ihr Hoffen!)
steht auch das Käfigtürchen offen.
Auf steht das Fenster und husch-husch
Sitzt's draußen auf dem Fliederbusch.
Es atmet durch, es atmet frei
und meint, dass es nun glücklich sei.
Es riecht den Duft der freien Welt,
erhebt sich über Wald und Feld.
Doch ach!
Ein Sperber nähert sich ganz leise
Und freut sich an der muntren Speise.

Die Liebe und der Stolz

Ein alter Hahn (versteht mich recht!),
der machte sein Geschäft nicht schlecht.
Doch einst nahm er zur Frau
sich einen Pfau.

Der Hahn fängt gleich zu scharren an.
Er scharrt, was er nur scharren kann,
sucht Nahrung für die Frau,
den stolzen Pfau.

Die Henne merkt nicht, wie er rennt,
sich selber keine Ruhe gönnt:
Tut alles für die Frau,
den stolzen Pfau.

Der Pfau denkt: „Ach, ich bin so schön!"
und lässt den Alten einfach stehn.
„Ein Truthahn", denkt sie, „passt genau
zu einem Pfau."

Nicht lange währts, des Teufels Wille
erfüllt sich heimlich, in der Stille.
Ein Truthahn, stolz, wenn auch schon grau,
gefällt dem Pfau.

Er steht in einer Hühnerschar,
fühlt mächtig sich wie Gott fürwahr.
Er wedelt mit den Schwingen schlau
für Mann und Frau.

Denn vor ihm stehen Hähne, Hennen
und krähen, was sie krähen können.
Mit ihnen kräht auch unser Pfau,
manchmal blau.

Sonett an einen Schwan

(Für Friedemann zum 12. Geburtstag)

Schwäne, Gänse, Schwalben und Stare
Sind schon – wie in jedem Jahre –
In den warmen Süden gezogen.
Alles, das weit fliegen kann,
Zeigt das Ende des Sommers an,
Ist hoch oben am Himmel geflogen.

Im Weiher nur ein einsamer Schwan
Zog nicht mit den anderen seine Bahn.
Was hielt ihn zurück?

Stolz trägt er sein Haupt, doch auf die Dauer
Sieht man Angst und tiefe Trauer
In seinem Blick.

Zerbrochen der Flügel? Gebrochen der Mut?
Ja, Schwan, bleibe bei mir! Hier geht es dir gut.

Blödes Gegacker

Zwei Hühner saßen auf einem Hof,
die eine geschwätzig, die andere doof.
Die eine sagt: „Emma, hast du schon gehört?
Der ganze Hühnerhof ist empört!
Der Robert, der Gockel, läuft immerzu
der Berta nach und gibt keine Ruh'!
Ich glaube, dass ihr das auch noch gefällt.
Ach, ist das jetzt eine verkehrte Welt!

Die Emma in ihrer Naivität
sogleich zu besagter Berta geht.
„Berta!", so sagt sie, „ich glaube, du spinnst!
wenn du mit dem Robert zu flirten beginnst.
Der ist doch für dich nicht der richtige Mann,
ein echter windiger Wetterhahn!"

Die Berta aber gackert und lacht,
weil ihr die Mahnung nichts Neues gebracht.
„Ach, Emma!", so gluckst sie, „aus dir spricht
der Neid.
Ihr könnt ihn gern haben, auch gleich zu zweit!"

Das Chamäleon

Einst hat ein Affe ein Chamäleon hoch verehrt
und dieses auch zu seiner Frau begehrt,
weil es so schön auf Bäume klettern konnte
und sich oft zwischen Blättern sonnte.
Der Affe stieg ihm nach bei Tag und Nacht
– und hat zum Affen sich gemacht.

Der Schnapphahn

Ein Igel fragt – ganz ohne List –
den Schnapphahn, was ein Schnapphahn ist.
Der fühlt sich jedoch angeklagt
durch das, was ihn der Igel fragt.
Er plustert sein Gefieder auf,
springt auf und ab in schnellem Lauf,
und schreit den armen Igel an
so laut, wie er nur schreien kann:

„Du alter Lump! Du Stacheltier!
Du bist nur stets zum Streiten hier!
Du hast mir einen Stich versetzt
und meine Seele tief verletzt!
Dein böser Plan, der hat geklappt!"

So ruft der Schnapphahn eingeschnappt.

Der Igel stellt sich tot derweil.
Er schweigt und denkt sich seinen Teil.

Der Alleskönner

Im Zirkus lebt ein Elefant
und reist seit Jahren durch das Land,
ist riesengroß und hat viel Kraft:
Es ist erstaunlich, was er schafft!

Er zieht allein den schweren Wagen,
kann schwere Zirkusmasten tragen,
geht über Flaschen mit Gefühl,
spritzt mit dem Rüssel auf ein Ziel,

verschluckt ein Vierpfundbrot im Nu,
hält ein Aug' auf, das andre zu.
Wie feine Herren sich verneigen,
so kann der „Eli" sich verbeugen.

Er dient der Tänzerin als Bühne
und balanciert auf schmaler Schiene.
Er senkt den Kopf, als wollt' er beten,
kann mit dem Rüssel laut trompeten!

Es gibt wohl nichts, das er nicht kann,
steht früh bis spät stets „seinen Mann"...

Doch eines Tages läuft 'ne Maus
grad auf ihn zu - und er reißt aus!

Der Aufstieg

Ein Wildschwein läuft quer durch den Wald,
nicht mehr ganz jung, doch auch nicht alt.
Es ärgert sich bei Tag und Nacht,
dass es soweit noch nicht gebracht

wie Vetter Moritz, jener Eber
mit dickem Fell und fetter Leber,
auch nicht so weit wie Onkel Klaus,
der sieht wie ein Gelehrter aus!

Das Wildschwein läuft und wühlt und grunzt:
„Mein Leben hab' ich selbst verhunzt!
Hätt' ich doch nur gelernt was frommt,
damit man schnell nach oben kommt!"

Da bleibt das Wildschwein plötzlich stehen,
hat es soeben doch gesehen,
wie schnell ein Affe dorthin springt,
wo sonst manch lockrer Vogel singt!

Der Zufall will es: Eine Leiter
steht da am Baum und hilft ihm weiter!
Zwei Sprossen hat es erst erklommen,
als ein paar Affen zu ihm kommen

und ziehen, schreien, tragen, rufen –
bis sie das Schwein hinauf die Stufen
und auf den hohen Baum gebracht,
wo einer die Bemerkung macht:

„Hier oben sieht ein Schwein – Oh! Graus!
– tatsächlich wie ein Affe aus!"

Du musst nur erst nach oben steigen –
dein wahres Antlitz wird sich zeigen!

Der misslungene Aufstieg

Ein dicker Bär, schon etwas alt,
läuft eines Tages durch den Wald.
Was ihn vorantreibt oder zieht?
Er hat auf Honig Appetit!
Tatsächlich! Hoch an einem Baum
geht in Erfüllung bald sein Traum:
Er sieht dort emsig Bienen fliegen
und hofft, mit List sie zu besiegen.
Er hebt empor die Bärentatzen
und will hinauf. Doch außer Kratzen
will diesem Bären nichts gelingen.
Er kann das Klettern nicht vollbringen,
weil er zu alt und ferner weil
schon viel zu schwer sein Hinterteil!
Denkt nicht, das werde ihn verdrießen!
Er will den Honig auch genießen,
wenn er ihn nicht erreichen kann.
Und wie fängt unser Bär das an?
Er läuft nach Hause wie der Wind
und holt die Frau und auch das Kind.
Dann gibt er Weisung, ganz genau:
„Du stellst dich hin!", sagt er zur Frau.

„Du aber, Kind, setzt dich hinauf
auf ihren Kopf! Und pass' gut auf,
dass du an ihrem Fell dich hältst
und keinesfalls herunterfällst!
Ich aber werde nur mal eben
mich auf euch obenauf begeben.
Ihr bildet meine Aufstiegsleiter,
denn nur so komme ich jetzt weiter
und näher an mein Ziel heran,
dass ich den Honig essen kann."
Gesagt – getan! Der Alte steigt
auf die, die stets Gehorsam zeigt.
Nun tritt er auch noch auf das Kind,
weil sonst sich keine Leiter find't.
Ihr ahnt es schon, es gibt Malheur:
Der alte Bär ist viel zu schwer!

Wer den Schaden hat ...

Enrico, kaum zehn Jahre alt,
geht eines Tages in den Wald.
Dort will er sich ein Stöckchen schnitzen,
sieht aber einen Vogel sitzen,
so bunt wie Nachbars Papagei.
Er denkt, dass dieser es wohl sei,
will auf den Baum hinauf gelangen,
den Papagei sich einzufangen.
Bald hat er auch den Baum erklommen
und ist dem Vogel nah gekommen.
Er kriecht heran, streckt seinen Arm,
da schlägt der Vogel laut Alarm!
Vor Schreck fällt Ric herab aufs Moos:
Erfolg gleich null, der Schaden groß!
So wird die Lehre ihm zu eigen:
Man soll, um hoch hinauf zu steigen,
nicht andre treten mit den Füßen,
man muss es sonst womöglich büßen.

Die Nachtigall

Wie lieblich sang die Nachtigall!
Ihr Lied klang über Berg und Tal,
wo es gar viele Leute
durch seinen süßen, trauten Ton
an jedem frühen Morgen schon
ergötzte und erfreute.

Ein böser Bub' kam einst daher,
trug in den Händen, lang und schwer,
ein Netz an derben Stangen.
Er hat die kleine Sängerin
nach Bubenart, mit frohem Sinn,
ganz heimlich eingefangen.

Er trug sie schnell von diesem Ort
in seine kleine Stube fort,
gab ihr 'nen goldnen Käfig.
Dort saß sie dann viel Wochen lang
und wurde richtig flügellahm.
Es ging ihr wirklich schäbig:

Die Lust zum Singen war vorbei.
Die Nahrung war ihr einerlei.
Sie saß nur in der Ecken.
Ihr fehlte Freiheit und die Luft,

wohl auch zum Leben alle Lust,
ihr fehlten Strauch und Hecken.

Der Bub' merkt wohl, dass ihr was fehlt.
Er ahnt auch langsam, was sie quält,
will ihr die Freiheit schenken.
Er öffnet ihr den Käfig sacht
und gibt mit traurigem Bedacht
ihr eins nur zu bedenken:

„Du sollst, herzliebstes Vögelein,
nun wieder frei und glücklich sein
und deine Lieder singen.
Doch sieh, dass dich kein andrer fängt,
der dich vielleicht viel mehr einzwängt!
Was würde dir das bringen?"

Der Möchtegern

Das kleine Kätzchen Rosalind
ist blind, wie kleine Kätzchen sind.
Doch als die Mutter weggegangen,
um fette Mäuse einzufangen,

da bleibt das kleine Katzenkind
nicht dort, wo die Geschwister sind.
Es kriecht auf seinem Bauch allein
bald aus dem Heu und aus der Scheun'.

Der Hunger treibt die Kleine an,
obwohl sie noch nichts sehen kann.
Und schließlich schreit die Rosalind
ganz laut und kläglich wie ein Kind.

Der Hofhund Hasso hört das Schrein
und sagt: „Ich will dein Helfer sein."
Zwar hält ihn seine Kette fest,
was ihn jedoch nicht ruhen lässt:

Er zieht am Band, läuft hin und her
und quietscht wie eine alte Tür.
Das Kätzchen hört des Hundes Flöten
und kommt zu ihm in seinen Nöten.

Der Hund beschnuppert's sanft und zart,
was eigentlich nicht seine Art.
Die Kleine kuschelt sich ganz schnell
an Hassos weiches, warmes Fell.

Der freut sich. Doch beim besten Willen
kann er die Rosalind nicht stillen,
weshalb schon nach gar kurzer Zeit
die Kleine noch viel lauter schreit.

So aber ist der Welten Lauf:
Bekommst die Augen du nicht auf,
kann sein, dass du gar elend endest,
weil du dich an den Falschen wendest.

Gönner-Haft

Liebe Neffen! Liebe Nichten!
Wie ihr seht, kann ich jetzt dichten!
Wie das Wunder wohl geschah?
Hört, es geht euch sicher nah!

Wie ihr wisst, bin ich bescheiden.
Hochmut konnte ich nie leiden!
Nein! Ich gönne allen Leuten
Gutes nur zu allen Zeiten.

So zum Beispiel meinen Kindern:
Niemand kann mich daran hindern,
dass ich ihnen Lügen lehre,
ihre Hinterlist vermehre.

Meinem Mann, dem gönn' ich frei,
dass er stets schön fleißig sei.
Niemals werd' ich ihm das wehren
Oder ihn davon bekehren.

Wenn ich fast zuletzt mich nenne,
dann geschieht's, weil ich mir gönne
kaum noch das, was übrig bleib':
Lustbarkeit und Zeitvertreib.

Einer nur, ihr Anverwandten,
von den allen hier Genannten
neid' ich ab, so gut ich kann,
ihren tollen, schönen Mann!

Ach, sie ist ihn gar nicht wert! –
Nein, läuft diese Welt verkehrt!
Nicht einmal das bringt Gewinn,
dass ich soo bescheiden bin!

Frühlingsgefühle

„Kinder! Wie in jedem Jahre,
kommen nun die alten Stare
aus dem fernen Süden wieder,
singen frohe Frühlingslieder,
bauen droben im Geäst
sich ein Top-Familiennest!

Veilchen blühen schon am Rain,
keiner will jetzt einsam sein!
Star Caruso sucht ein Weib
(und nicht nur zum Zeitvertreib!),
will mit diesem musizieren
und danach auch kopulieren.

Nicht viel Zeit wird dann verrinnen,
bis die Jungen schon beginnen,
erste Töne zu probieren,
werden gleich auf Star studieren!
Ja, ihr Kinder, passt schön auf,
denn so ist der Welten Lauf!

Und ihr wisst: Ganz ohne Fleiß
gibt es eben keinen Preis!"

Sohn Laurentius lässt den alten
Vater als Berater walten.
Doch im Stillen denkt der Sohn:
„Alter Herr, das weiß ich schon!"

Unaufmerksam

Eigenartig ist's mit allen,
die sich lieben, sich gefallen,
wenn sie so beisammen sind:

Einer lässt den andern stehen,
ohne ihm ins Herz zu sehen,
ob sich darin Sehnsucht find.

Hervortreter

Im Flieder sitzt die Nachtigal
und singt ein frohes Lied.
Sie singt es frisch, mit lautem Schall,
weil ihr das grad so liegt.

Da kommt ein stolzer Pfau daher
und regt sich künstlich auf:
„Ich singe besser!", so sagt er,
lässt seiner Stimme Lauf.

Doch was herauskommt, ist ein Schrei,
geradezu ein Graus!
Die Tiere laufen schnell herbei
und lachen ihn nur aus.

So ist es auch im Kirchenchor
mitunter nicht sehr schön,
wenn eine Stimme tritt hervor,
dass andre untergehn.

Unerkannter Retter

Auf Meiers großem Küchentisch
steht voll ein Krug mit Saftgemisch.
Auf ihren lang behaarten Beinen
kommt eine Fliege. Ihr will scheinen,
dass ihr der Saft gewisslich schmeckt.
Doch, kaum hat sie davon geschleckt,
da kippt sie in den Krug hinein
und wird wohl bald ertrunken sein.
Ein Junge (wahrlich seltner Art!),
der hat das Tier vorm Suff bewahrt.
Er packt es und – dass er's behüte –
steckt es in eine Bonbontüte.
Dann setzt er mit recht viel Geschick
das Tier vors Fenster. Noch ein Blick,
dann ist die Fliege schnell verschwunden
und glaubt, nun fliegend, unumwunden,
dass sie der große Meister sei:
Durch eigne Kraft frisch, froh und frei!

So ist es oft in dieser Welt:
Der Retter wird nicht festgestellt.

Ein ungleiches Paar

Ihr lieben Leser, hört und seht,
wie es einem Pärchen geht,
das nach Jahren und nach Stunden
endlich, endlich sich gefunden!

Sie: eine Amsel mit schwarzem Gefieder,
adrett und voll Charme, fleißig und bieder.
Er: ein Rabe, krächzend und laut,
der nicht einmal auf sein Äußeres schaut.

Sein schwarzer Anzug ist nicht ganz rein,
er will halt nicht der Schönste sein.
Was führt sie zusammen, was hält sie
bei'nand?
Wer war es, der sie zusammenband?

Was wollten sie alles: Sich Liebe erzeigen,
Schwerkraft besiegen, den Himmel ersteigen!
Nochmal jung sein, verscheuchen die Klagen,
vom Alten ablassen, den Neuanfang wagen!

Gemeinsam singen in den schönsten Tönen,
sich noch einmal an den Frühling gewöhnen!
Nach Nestwärme haben sie beide gelechzt.
Sie hat gesungen – und er hat gekrächzt.

Warum haben Lügen kurze Beine?

Brigitte hat ein Kind geboren,
mit spitzem Maul und langen Ohren.
„Notlüge" hat sie es selbst benannt.
Es wurde im Dorf gar schnell bekannt.

Schneller wuchs es als der Wind,
nie gab es ein so fettes Kind.
Kaum war es geboren, da konnte es gehen,
die Leute im Dorf haben's alle gesehen!

Zuerst war das lustig. Es wurde gelacht.
Doch nicht lange danach hat es Kummer gebracht:
Das Kind wurde groß und bekam viele Kinder,
die wuchsen noch schneller und immer geschwinder.

Und keiner traute fortan noch dem andern!
Da fingen die Menschen an auszuwandern.
Doch wohin sie auch kamen, die Eltern und
Kinder,
die Lügen waren stets noch geschwinder.

Was einmal begonnen, nahm bald überhand:

Die Lügen überschwemmten das ganze Land,
durchschwammen die Flüsse und auch das Meer,
selbst Fliegen fiel ihnen sichtlich nicht schwer.

Sie setzten sich nieder auf Bücher und Reden
und ließen sich laut in die Welt austrompeten.
Nur der Mensch hat fortan viel Ruhm errungen,
der lauthals das Lied der Brigitte gesungen!

So wurden die Lügen nach einigen Tagen
zu einer der größten Menschheitsplagen –
bis ein kleiner Junge die Ursach' entdeckte,
warum die Menschheit im Lügennetz steckte.

Er war drauf und dran, eine Lüge zu sagen,
da hörte er laut sein Gewissen fragen:
„Andreas, was nützt es, wenn du jetzt lügst,
deine Mutter, deinen Vater, dich selbst betrügst?

Gelogen ist schnell, doch was bringt es dir ein?
Ich glaube, es wird sehr viel besser sein,
du gibst deinen Fehler ganz offen zu
und hast vor mir und den Menschen Ruh'."

Das Wunder geschah: Noch spät in der Nacht
hat Andreas ein klares Geständnis gemacht.
Was darauf folgte? Ihr werdet lachen!
Es folgte ein „Plumps!" – wie von schweren
Sachen.

Nicht nur Andreas, den Menschen allen
war plötzlich ein Stein vom Herzen gefallen.
Sie sagten sich von Stunde an:
„Was dieser kleine Junge kann,
das können wir wohl ebenso!"
Sie taten es und wurden froh.
Man hat die Lügen nicht länger gelitten
und ihnen ganz schnell die Beine beschnitten.

Seitdem ist auch in unserem Land
ein kleines Sprüchlein wohlbekannt.
Ihr ahnt gewiss, welches ich meine:

„Lügen haben kurze Beine!"

Versprochen!

Ich bin ein strenger Pazifist
Und sicher auch ein guter Christ:
Ich schieße nicht mal Spatzen!

Doch, kommen wieder Sorgen her
Und machen dir das Leben schwer,
Schieß' ich auf sie, bis sie zerplatzen!

Die Föhre

Einsam steht sie da auf weitem Feld.
Ob ihr die Einsamkeit gefällt?
Sie wurde nie danach gefragt.
Sie hat auch keinem je ihr Leid geklagt.

Oftmals fielen in den Boden Samen,
aus denen kleine Ruten kamen.
Doch keine blieb. Kaum waren sie gesät,
hat eine Sense sie schon wieder abgemäht:

Die alte Kiefer blieb allein.
So sollte offenbar ihr Schicksal sein.
Der Regen hat sie kalt gebraust,
der Sturm sie oftmals arg zerzaust,
die Sonne hat sie bald verbrannt,
die Dürre hart und karg gemacht das Land.

Und dennoch steht die Föhre da als Zeichen:
Wenn du dem Wind und Wetter nicht
kannst weichen,
empfängst du Kraft, auch einsam in der Welt
zu stehen,
wenn deine Wurzeln tief in festen Boden gehen.

Der Schmetterling

Als René früh zur Schule ging,
da flog ein bunter Schmetterling
quer über seine Straße,
genau vor seiner Nase.
René lässt Schule Schule sein
und fängt den bunten Falter ein.
Er läuft zurück zu seinem Haus
und lässt den Falter schnell heraus
aus seinem weißen Taschentuch,
mit dem er ihn nach Hause trug.
Er setzt ihn ohne Arg und List
dorthin, wo er geborgen ist:
in ein Verlies aus Gitterdraht,
damit er Luft zum Atmen hat.
Doch kann ein Falter eben
von Luft allein schon leben?
René läuft heimlich hinters Haus
und sucht aus Mutters Garten aus,
was ihm am besten schmeckt,
den Mittagstisch sonst deckt:
zwei Möhren und ein Sellerie.
Tomaten? Nein, die isst er nie!
Auch Spinat mundet René nicht,
doch Nachtisch ist sein Leibgericht!

Fünf Kirschen bringt er seinem Freund,
der schon ganz schwach geworden scheint.
Doch als René ihn füttern will,
da fällt der Falter um – ganz still.
„Ach", sagt René, von Trauer ganz benommen,
„hätt' ich die Freiheit ihm doch nicht ge-
nommen!
Von einem Schmetterling hab' ich halt nicht
gedacht,
dass er so schnell die Mücke macht."

Die Distel

Ein Knabe sieht 'ne Distel stehn
Die ist zwar stachlig, aber schön.
Er jedenfalls, er sieht sie so
und wird bei ihrem Anblick froh.

Er liebt sie auf den ersten Blick,
und das prägt fortan sein Geschick.
Er setzt die Pflanze in den Garten,
um sie zu gießen und zu warten.

Er sieht sie an und will nicht ruhn,
um alles nur für sie zu tun.
Er ist ergötzt, bewundert sie,
geht vor ihr staunend in die Knie.

Er eilt davon will Dünger kaufen …
doch da kommt einer angelaufen
mit grauem Fell und langen Ohren,
beginnt, die Zähne reinzubohren

in jenes Knaben Distelstrauch.
Er füllt sich damit seinen Bauch.
Nur einen Strunk lässt er noch stehen,
ganz schlimm und schrecklich anzusehen!

Der Knabe sieht's und ist entsetzt:
Die Pflanze, die ihn so ergötzt,
wird offensichtlich, unverhohlen
von einem Esel weggestohlen!

Er schreit, er fuchtelt mit den Armen,
der Esel kennt da kein Erbarmen!
Der spricht: „Reg' dich nicht künstlich auf!
So ist nun mal der Welten Lauf.

Denk' einfach: Die ich da gefressen,
die hast du richtig nie besessen.
Und hör nicht auf, sie zu begießen,
dann kann ich oft von ihr genießen!"

Dank an eine Zauberin
(Für Uta)

Eine Drossel, federleicht,
flötet hell ihr Lied,
und die Melodie erreicht
lockend mein Gemüt.

Wie ein starker Zauber bannt
dieses Lied mein Herz.
Leicht, wie vorher nie gekannt,
wird verborgner Schmerz.

DU bist diese Zauberin.
DU machst mich so reich!
DU schaffst, dass ich glücklich bin,
einem König gleich!

Birken

Weiße Stämme ragen empor,
gerissene Borke
gleicht dem Bauch einer schwangeren Frau.
Langsam gleitet mein Blick hinauf:
Oben Verzweigung, vielfach verästelt,
Blätter hängen schlaff herab.
Lange kein Regen. –

Wo endet das Ganze?

Mein Leben fing so geradlinig an.
Je höher das Alter,
desto verworrener die Wege.
Sehnsucht nach Liebe ist schlimmer als Durst.

Wo endet das Ganze?

Rudolf Kammler

Ich melde dich als vermisst

Ein Feuerwerk an Gefühlen könnte man meinen. Ein Zimmer, das man nicht mehr verlassen möchte, ein Ort an dem für jeden Menschen ein Feuer brennt.
Nach *Offene Augen* (1996) und *Blumen und Ruinen* (1999) meldet sich Kammler nun zurück mit einem Buch, das mehr als lesenswert ist. Dieses Werk bricht jedes Eis, die Stücke klingen wie Musik, sie sind authentisch.
Schade, dass es nur 151 Seiten hat. Dieses Buch fesselt.

Preis: 12,50 Euro   **151 Seiten**
ISBN 978-3-86634-295-8   Engl. Paperback

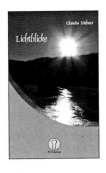

Claudia Hübner

Lichtblicke

Strohhalm

Heimlich still und leise
schicke ich meine Verschen
auf die Reise.
Was daraus wird,
wie es bei dir ankommt,
das weiß ich nicht.
In meinen sorgenvollsten Tagen
fand ich immer ein kleines Gedicht,
das mich tagelang begleitete.
Es gab mir Halt.
Bis ich verstand,
warum gerade dieses Gedicht
auf mich zugekommen ist.

Preis: 8,90 Euro   **77 Seiten**
ISBN 978-3-86634-216-3   Engl. Paperback